AF298075

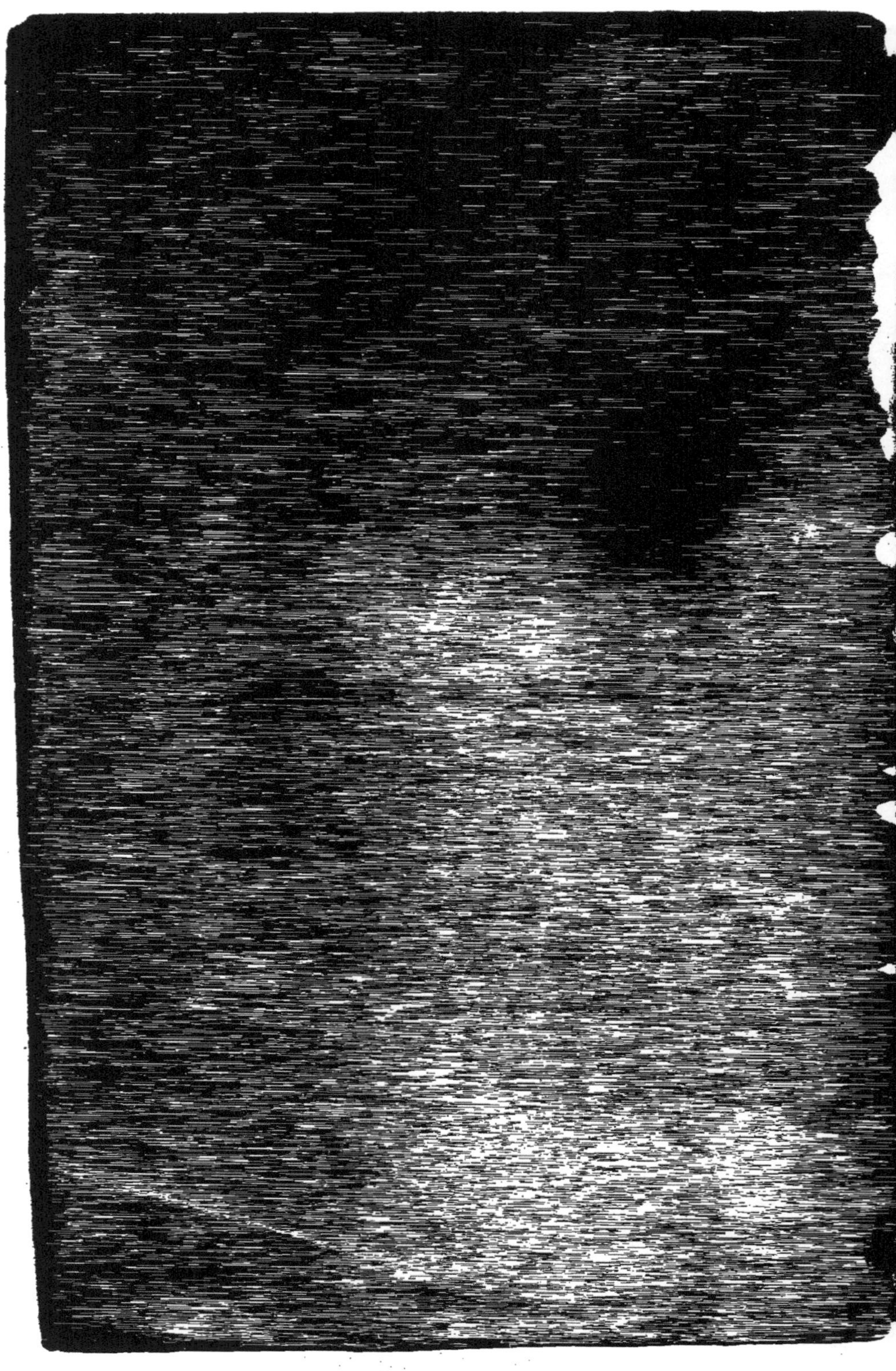

LE MOT DIEU EN BASQUE

ET DANS

LES LANGUES DRAVIDIENNES

J. VINSON

LE MOT DIEU

EN BASQUE

ET DANS LES LANGUES DRAVIDIENNES

Extrait de la *Revue de Linguistique*
et de Philologie comparée

PARIS

MAISONNEUVE ET Ce, LIBRAIRES-EDITEURS
15, Quai Voltaire, 15

1870

LE MOT DIEU EN BASQUE

ET

DANS LES LANGUES DRAVIDIENNES

———

Dans une petite brochure du prince Bonaparte : « *Obser-*
« *vations sur le formulaire de prône conservé naguère*
« *dans l'Église d'Arbonne* », j'ai remarqué les phrases
suivantes : « Nous serions trop long si nous voulions ici
« faire connaître en détail tous les grains d'or grammatical
« et lexical que nous avons exploités, etc., » et en note : « Tel
« que le mot *goiko,* nom roncalais de la lune, qui nous met
« sur la voie de l'étymologie possible du nom de Dieu *Yaun-*
« *goikoa,* qui pourrait sans trop d'effort être considéré
« comme la syncope de *Yaungoikokoa,* mot qui, à la
« rigueur, indiquerait même à présent le Seigneur de la lune.
« Et nous disons : sans trop d'effort, car, pour que notre
« assertion puisse être avec raison taxée de gratuite, il fau-

« drait oublier le culte de la lune des anciens Basques. »
Immédiatement une réflexion toute naturelle m'est venue :
est-il bien utile de regarder *Yaungoikoa* comme une syncope de *Yaun-goiko-ko-a* « le seigneur de la lune? » Si
goiko signifie « lune », *Yaungoikoa* doit se traduire « le
seigneur lune », et dans ce cas, il faut admettre que c'est la
lune elle-même qui était l'objet du culte des anciens Basques.

On ne manquera pas d'objecter qu'aucun témoignage his-
torique ne vient à l'appui de cette opinion ; on ne manquera
pas de rappeler le passage suivant où Strabon semble accor-
der aux ancêtres des Basques actuels une religion toute
spirituelle, en ajoutant, il est vrai, que les cérémonies du
culte s'accomplissaient surtout pendant la nuit, lors de la
pleine lune : ἔνιοι δὲ τοὺς Καλλαϊκοὺς ἀθέους φασί, τοὺς δὲ Κελ-
τίβηρας καὶ τοὺς προςβόρους τῶν ὁμόρων αὐτοῖς ἀνωνύμῳ τινὶ θεῷ
[θύειν] ταῖς πανσελήνοις νύκτωρ πρὸ τῶν πυλῶν, πανοικίους τε χορεύειν
καὶ παννυχίζειν (III, iv, 16). Quoi qu'il en soit, entre les deux
explications du mot *Yaungoikoa,* je n'hésite pas à adopter
la plus simple ; et, pour moi, s'il est vrai que *goiko* a
signifié et signifie « lune » en basque, les anciens Euscariens m'apparaissent comme des êtres fort peu civilisés,
possesseurs d'une religion très rudimentaire et toute matérielle.

On sait quelle importance était donnée à la lune par les
peuples anciens : « La lune qui se détache comme une
« aiguille éclatante sur le sombre cadran du ciel était appe-
« lée, par les premiers pères de la race âryenne, l'astre qui
« mesure, le *mesureur* du temps ; car le temps a été compté
« par les nuits, les lunes et les hivers avant de l'être par
« les jours, les soleils et les années » (Max Mueller). Je ne
rappellerai pas la parenté de *moon, month, μήν, μήνη, men-*
sis, etc ; mais je dirai qu'en tamoul, à part le mot emprunté

au sanscrit *mâdam* ou *mâsam*, il n'existe que deux formes du mot « mois », *madi* et *tingal* (1), qui toutes deux sont des noms de la lune très usités. En basque, mois se dit *ilabe-the* qu'on explique généralement par *ilargi-bethe* « lune-pleine », *il-argi* « mourir-lumière » étant le nom ordinaire de la lune.

J'ai soumis cette explication de *Yaungoikoa* au prince Bonaparte, qui m'a répondu : « Nous ne partageons pas cette « manière de voir, qui oblige à admettre d'une manière un « peu trop gratuite que *goiko* « lune » signifie non-seule-« ment *lune* (ce qui est certain), mais aussi *Dieu* (ce qui ne « peut se prouver par l'usage d'aucun dialecte). » J'ai répondu à mon tour : « En traduisant *Yaungoikoa* par *le* « *seigneur lune*, je ne prétends nullement que *goiko* signifie « *Dieu*. Dans ma pensée, *goikoa* serait « celui d'en haut », « c'est-à-dire purement et simplement *la lune* que les « Basques anciens auraient remarquée parmi les divers « astres qu'ils voyaient *au-dessus de leur tête, sur le* « *ciel*, EN HAUT. Je m'explique du reste ce culte par les « raisons suivantes. La nuit n'est-elle pas la source de mille « frayeurs pour les enfants *et les sauvages?* Or la lune « dissipe ces frayeurs en venant chasser l'obscurité; donc « il est assez naturel que des peuples primitifs l'aient « regardée comme un être bienfaisant et qu'ils lui aient « rendu un culte. Point n'est besoin que *goiko* signifie *Dieu*, « s'il est le nom de l'objet adoré. »

Cette explication de *Yaungoikoa* a le malheur de con-trarier l'opinion généralement reçue. Tous ceux qui ont écrit sur le basque (et il importe de rappeler que la plupart de ces écrivains sont des prêtres catholiques) ont posé

---

(1) De même en canara *mois* se dit *lingalu* (lune); le même mot *tingal* s'emploie aussi avec le même sens en malayala.

comme un fait incontestable que de tout temps les Basques ont eu une religion spirituelle, et invoquent comme preuve décisive le ἀνωνύμῳ τινὶ θεῷ de Strabon. *Goiko* signifie proprement « d'en haut », aussi la signification naturelle de *Yaungoikoa* « le seigneur d'en haut » a-t-elle donné lieu à beaucoup de dissertations enthousiastes sur le monothéisme et le spiritualisme originels des Basques. L'abbé Darrigol dit : « Le nom que le Seigneur s'est donné, au livre de « l'Exode, chap. III *(Eyjeh* et de là *Jéhovah)* est sans « contredit le seul nom digne de son être ; mais après ce mot « *ineffable,* comme s'expriment les Juifs, après ce nom tout « divin, auquel nul autre ne peut être comparé, notre « expression *Jaincoa* est tout ce qu'on peut dire de plus « significatif. En effet... il se peut... que *Jaincoa* soit le « même nom que *Gaincoa* (celui d'en haut) : antonomase « énergique, expression plus sublime que tous les superlatifs « employés par les Grecs, les Latins, les Français, etc., « pour remplacer le nom propre de Dieu. Quoique cette « étymologie ne soit nullement forcée, nous ne balançons « pas à lui préférer celle que nous suggère la prononciation « du mot *Jaincoa,* usitée dans les provinces espagnoles : « *Jaongoicoa* ou *Jabe-on-goicoa* (le bon maître d'en « haut). Quoi de plus philosophique ! » (*Dissertation,* p. 25-26).

Le mot *Yaungoika* est en effet plus usité en Espagne qu'en France ; les Labourdins disent *Yainḱoa* ou *Yinkoa;* les Souletins *Jinkua* (j français). Je ne cherche pas à expliquer ces divers mots, qui ne sont peut-être que des abréviations, des contractions du premier ; j'ai voulu seulement indiquer ici une signification originelle possible de *Yaungoikoa.*

En somme, il n'y a pas en basque de mot simple signifiant spécialement *Dieu,* car *yaun,* souvent employé dans ce sens, veut dire proprement « seigneur, maître » ; les étymologistes du pays le décomposent même, ainsi qu'on l'a vu ci-dessus, en *yabe-on* « maître-bon » (1). Il est intéressant d'examiner si les peuples qui parlaient les langues dravidiennes étaient plus avancés à ce point de vue que les Euscariens antiques.

Les vocabulaires tamouls donnent avec le sens de « dieu, divinité » les mots suivants : *amarar, pannavar, puttêlir, andar, umbar, imæyavar, vibudar, vânôr, ilêgar, pulavar, vinnor, amudar, âdittar, mélôr, œyar, surar, tîrttar, uyarnilattavar, anangu, sûr, puttêl, kadavul, tê, téyvadam, téyvam*, auxquels j'ajouterai *sâmi, kô* et *ir'œvan*. Les autres langues congénères ne nous offrent aucun mot nouveau purement dravidien. De la précédente liste il faut en effet tout d'abord écarter *amara-r* (amara), *anda-r* (anda), *vibuda-r* (vibudha), *i-lêga-r* (lékha), *amuda-r* (amuda), *âditta-r* (âditya), *sura-r* (sura) et *tîrtta-r* (tîrtha) qui sont de simples transcriptions du sanskrit. Il faut également mettre de côté *pannavar* « les faiseurs, les créateurs », *vânôr* et *vinnôr* « ceux du ciel », *mélôr* « ceux d'en haut », *uyarnilattavar* « ceux du monde supérieur, » qui sont des mots visiblement composés et

(1) Ceci ne veut pas dire que je suis disposé à approuver les étymologies ultra-fantaisistes proposées par la plupart des basquisants locaux. Il est arrivé dans mes mains, ces jours derniers, une feuille manuscrite, où je copie ce qui suit pour l'édification des lecteurs de la Revue : « Ies garçons appellent leur sœur « *arreba*, c'est-à-dire *seconde Ève*, nom donné naturellement « par les garçons premiers nés d'Adam et d'Ève à la première « fille qui naquit d'eux ; c'est une seconde Ève, dirent-ils, *arra* « *eba*. — *Seme*, fils, tire évidemment son origine de *Sem*, fil « de prédilection de Noé et modèle des bons fils. On compren « que les descendants de Noé, dans le désir que leurs enfant fussent des sem (c'est-à-dire des bons fils) aient aimé à les appeler de ce nom, *sem, seme*. »

formés postérieurement à la conception de l'idée de Dieu.
Examinons les douze mots restants :

1° *Puttêḷir*, pluriel de *puttêḷ* (littéralement « vous qui
êtes dieu »), paraît formé de *pudu* « nouveau » (varié en
puttu devant une voyelle) (1) et d'un mot inconnu (2) ; *puttêḷ* en effet a non-seulement le sens de « dieu », mais aussi
celui de « nouveauté ». 2° *Umbar*, qu'on traduit généralement « les bienheureux, » est aussi employé par opposition à
ambar « ce lieu-là » et à *imbar* (3) « ce monde, ce lieu-
ci », pour signifier « air, élévation, place moyenne », et c'est
son sens le plus naturel : l'air apparaît en effet aux yeux des
enfants et des simples comme interposé entre la terre et la
voûte étoilée ; employé religieusement, *umbar* désignerait

(1) Les formes adjectives des noms de qualité, terminés en *u*
avec une des six consonnes que les grammairiens tamouls appellent dures, peuvent, devant une voyelle, ou allonger leur voyelle
radicale ou doubler la dernière consonne ; dans les deux cas, l'*u*
final est élidé : ainsi *pudu* « nouveau » devant *ilæ* « feuille »
produira *puttilæ* « feuille nouvelle » ; *pasu — ilæ, pâsilæ* ou
patchilæ « feuille verte » ; *vér'u — ilæ, vét't'ilæ* « simple
feuille », etc.

(2) J'incline à croire que beaucoup de mots dravidiens dont
l'analyse paraît impossible ont été formés par le procédé con-
tractif si familier aux idiomes de l'Amérique et au basque.

(3) Les Dravidiens ont trois pronoms démonstratifs : *a* pour
les choses éloignées, *i* pour celles qui sont proches, et *u* pour
les intermédiaires. Ce dernier pronom *u* est aujourd'hui tombé
en désuétude. Un exemple de son emploi se rencontre dans le
Næchadha tamoul ; *Indra* se présente avec *Yama, Agni* et
Varuṇa devant *Naḷa :* il se nomme et désigne ses compa-
gnons de la manière suivante :

 ivan'ajat'kaḍavuṇmat't'ivan'véṅkût't'u... va
 nuvanér'ikaḍat'kir'æyojindunin'd'ayâ.... n', etc.
         (Chant XI, str. 16.)

« Celui-ci, c'est le roi du feu ; celui-ci, l'ardent séparateur

donc uniquement les habitants de l'air, du ciel ; ce serait un synonyme de *vânor* et *viṇṇôr* (*ván* et *viṇ* signifient à la fois « air » et « ciel »). 3° *Pulavar*, de *pulam*
« science, connaissance », signifie principalement « les
savants » et est le plus souvent employé avec le sens de
« poètes » (1).

4° *Imœyavar* ou *imœyâr* veut dire « ceux qui clignent
« de l'œil » (2) ; les Indiens entendent par là que les yeux
divins ne sont jamais fermés par le sommeil ; 5° *œyar* cor-
respond exactement au basque *yauna* et signifie « les sei-
gneurs » (3) ; il est d'un usage courant dans la con-
versation et s'applique aux personnes respectables, aux
princes, aux rois, aux brahmes, etc. 6° *Aṇangu* et 7° *Sûr*
signifient principalement « crainte, affliction » et repré-

« (de la vie et du corps) ; *cet autre*, c'est le monarque de l'océan
« en mouvement ; enfin, moi, je suis, etc. »
Les commentateurs disent que, d'après ces paroles, Indra
devait se trouver entre Agni et Yama et que Varuna devait être
derrière eux ; comme il n'était pas si près d'Indra que les deux
autres, comme, pour le voir ou lui parler, il fallait un mouvement, un effort spécial ; et comme, en même temps, il n'était
pas trop éloigné, il est désigné par le mot *uvan'* (u-v-an'). Cette
forme ne doit point être attribuée à une faute des manuscrits,
car *uvan'*, dans la strophe citée, assonne avec *ojindu* ; ni *avan'*
(celui-là) ni *ivan'* (celui-ci) ne le remplaceraient avantageuse-
ment.

(1) La racine de ce mot est-elle la même que celle des suivants, où l'on entrevoit une racine *presser sur?* *pulál, pulavu*
« chair, odeur de chair » ; *puli* « tigre » ; *pulœ* « viande, chair » ;
pul « herbe, bassesse » ; *pula* « infériorité, asservissement » ;
— *pula* « refuser, bouder » ; *pulambu* « se lamenter, sangloter » ;
pular « se flétrir » ; *pullu* « serrer, embrasser ».

(2) Cf. pour la racine : *imœ* « cligner de l'œil » ; *imir* « résonner, retentir, se presser », *'imij* « résonner, retentir ».

(3) Sans doute *œyan'* « seigneur » n'est que le développement
de l'indéfini *œ* « dieu, roi, maître », allié probablement à *œyam*
« doute, hésitation, crainte, aumône ».

sentent Dieu comme l'être redoutable par excellence (1).

8° *Kaḍavuḷ*. Ce mot est le plus important de tous; c'est celui que les missionnaires catholiques emploient de préférence. Il est formé de *kaḍa* et de *uḷ*, avec *v* euphonique. *Uḷ* signifie proprement « intérieur »; mais, comme la vie se manifeste par des mouvements à l'intérieur du corps, *uḷ* a pris le sens de « existence »; de là est formé le défectif *uṇḍu* « il y a, il existe » (2). Le sens de *kaḍa* va être déterminé par l'examen de quelques mots congénères : *kaḍa* « passer, franchir, éloigner »; *kaḍi* « se fâcher, détruire, « couper, mordre »; *kaḍu* « voler, arracher »; *kaṭṭu* « attacher », *kaḍu* « violent, sévère, amer » (d'où *kaḍugu* « moutarde »). Ces mots ont la même forme dans les diverses langues dravidiennes. De *kaḍa* « passer, franchir » vient *kaḍal* « mer » (malayala *kaṭal*, tél. et can. *kaḍalu)* et *kaḍan* (m. *kaṭam*, can. *kaṭa)* « obligation, devoir, « dette ». Ces divers mots dérivent donc probablement d'une racine signifiant *presser sur; kaḍa* doit avoir le sens de « au-dessus » et *kaḍavuḷ* est littéralement « être suprême ». Mais dans les anciens poèmes, ce mot est aussi bien appliqué aux rois qu'aux dieux. 9° *Ir'œvan'* ou plutôt *ir'œ* (forme

(1) *Sûr* a, d'après les dictionnaires, les significations suivantes : « crainte, affliction, peine, force, divinité, Dieu », et *aṇaṅgu* « crainte, beauté, désir, déesse, femme, trouble, nouveauté, mer, agneau ». Cf. pour la racine de ce dernier mot : *aṇaṅgu* « se troubler, se fatiguer »; *aṇavu* « s'attacher à »; *aṇi* « orner, revêtir »; *aṇu, aṇugu* « toucher, approcher »; *aṇu* (télinga) « écraser, opprimer »; *aṇœ* « joindre »; *aṇaya* (malayala) « près »; *aṇḍu* « s'approcher, presser »; *aṇṇu* « s'approcher, s'appuyer sur ».

(2) De *uḷ* a été formé *uḷḷam* « ce qui est dedans, cœur » puis « esprit, raison »; de même, *neñdju* a le sens de « poitrine, sein, fermeté, courage, esprit ».

plus ancienne, indéfinie (1), signifie « le roi, le prince, « le maître » et ne s'applique qu'exceptionnellement à Dieu (2).

10° *Sâmi*, 11° *tê* ou *têvu*, 12° *téyvam* ou *téyvadam* sont empruntés au sanskrit (svâmin, dêva, dàiva), mais ils n'ont pas été seulement transcrits, ils ont été altérés : un certain nombre de mots sont dans le même cas et ont subi l'*altération phonétique*, cf. *u-lagu (lôka); a-rasu (râja); mœnda, mânda, mânida (manusya)*, etc. Je pense que tous ces mots ont été les premiers que les Tamouls ont pris aux Indiens, à l'époque même où leur civilisation s'opérait sous l'influence de ces derniers; plus tard, à l'époque littéraire, beaucoup d'autres mots ont été empruntés, mais ceux-ci ont été simplement transcrits; la prononciation même n'a pas toujours changé (par exemple on écrit *sanam* et l'on prononce *djanam)*; c'est ainsi qu'à côté de *ulagu, arasu,* etc., on a eu *u-lôgam, i-râsa,* etc. Les mots ainsi transcrits ont toujours été distingués des mots purement dravidiens dans les grammaires et vocabulaires tamouls, télingas, etc.; en tamoul on appelle les premiers *vadamoji* « mots septen- « trionaux » et les seconds *ténmoji* « mots méridionaux ».

En résumé, il n'existe pas de mot purement dravidien qui

(1) Il est probable qu'avant l'invasion âryenne les Dravidiens ne connaissaient pas la distinction des genres. Beaucoup de noms actuellement pourvus de terminaisons masculines en *an'*, féminines en *al* ou *i* et neutres en *am*, ont en tamoul des formes anciennes indéfinies : *arasu* « roi », *têvu* « dieu », *ir'œ* « prince », etc. Souvent même, dans les vieux poèmes, on voit des sujets masculins ou féminins suivis, à la troisième personne, de la forme neutre du verbe, qui est probablement l'ancienne et unique forme, générale et indéfinie.

(2). Cf. pour la racine : *ir'a* « mourir, passer, marcher. — abaisser, anéantir » ; *ir'u* « briser, casser » (d'où *îr'u* « fin ») ; *ir'u-gu* « être serré, comprimé » ; *ir'œ* « répandre, jeter » (d'où *ir'œ* « tribut ») ; *ir'ân* (malayala) « seigneur ! »

exprime l'idée de Dieu avec la netteté de *deus* par exemple ;
beaucoup de mots signifient également « prince, roi, maître,
dieu » ; beaucoup d'autres, employés avec le sens de *dieu*,
sont des appellatifs qui n'ont pu être formés que lorsque les
Dravidiens ont été convaincus de l'existence d'un être sur-
naturel et qu'ils se sont fait une idée de ses attributs. Cette
croyance a dû être l'un des premiers effets de la civilisation
apportée dans le sud de l'Inde par les Âryas. Aussi ne dirai-
je pas, comme M. Caldwell *(Comparative Grammar,*
p. 78) que les anciens Dravidiens « reconnaissaient l'exis-
« tence de Dieu, qu'ils qualifiaient de *kô* ou « roi », titre
« réaliste qui est inconnu à l'orthodoxie hindoue », et
qu' « ils élevaient en son honneur un temple qu'ils appe-
« laient *kô-il* « maison de Dieu ». Je ferai remarquer que
kô-il (écrit *kôyil* ou *kôvil)*, qui n'a plus aujourd'hui que le
sens de « temple, église » (1), est généralement employé
dans les anciens poèmes avec le sens de « palais, maison
royale ». M. Caldwell ajoute du reste : « Mais je ne puis
« trouver aucune trace du *culte* qu'ils lui offraient....
« Ils n'avaient pas de *prêtres* héréditaires ni d'*idoles,* et ils
« semblent n'avoir eu aucune idée du *ciel* ou de l'*enfer,* de
« l'*âme* ou du *péché* ». Je citerai encore le passage suivant (p. 79) : « Leur état d'ignorance intellectuelle se révèle
« principalement dans les mots qui se rapportent aux opé-
« rations de l'esprit. Leurs seuls mots pour *esprit* étaient le
« *diaphragme* (le φρήν des Grecs antiques) et l'*intérieur*.
« Ils avaient un mot pour *pensée*, mais ils n'avaient pas
« d'autres mots distincts de celui-là pour *mémoire, juge-*
« *ment* ou *conscience;* ils ne possédaient aucune expres-
« sion pour *volonté*. Pour exprimer la volonté il leur aurait

---

(1) C'est le lieu de rappeler que *guḍi*, en canara et en
tĕlinga, signifie actuellement « temple », tandis qu'en tamoul
kuḍi a seulement le sens de « maison, habitation. »

« fallu employer la périphrase suivante : « ce qui, à l'inté-
« rieur, dit : je vais faire ceci ou cela ». Je crois donc que,
avant l'arrivée des Âryas dans le *dravida,* les habitants de
ces belles contrées étaient des sauvages complètement
athées ; il serait intéressant de chercher à se faire une juste
idée de leurs mœurs, leur état social, etc : ce sera pour moi
l'objet d'un travail qui ne pourra être complet que lorsque
l'étude comparée des vocabulaires dravidiens m'aura permis
de séparer tout à fait l'élément sanskrit, de reconstituer la
forme primitive des mots simples, enfin de distinguer les
mots composés naturellement ou ceux simplement calqués
sur des composés âryens.

La courte étude qui précède a fait voir que les Dravidiens, avant de se trouver en contact avec la branche
indienne des Âryas, n'avaient probablement aucune idée
religieuse. Les Basques, lors de leurs premiers rapports
avec les Romains (et il est essentiel de remarquer que cette
époque est de beaucoup postérieure à celle de l'arrivée des
Âryas dans le sud de l'Inde), devaient être plus avancés ; ils
auraient cru découvrir dans la lune un être supérieur à
l'homme et lui auraient rendu un véritable culte, très simple du reste. Mais, quand même la traduction « le seigneur
« lune » serait fausse, quand même *goiko* ne signifierait
pas « lune » et que *Yaungoikoa* serait uniquement « le
seigneur d'en haut », je prétendrais encore que nul n'aurait
le droit d'affirmer que les peuples qui ont parlé le basque
n'ont jamais eu qu'une religion spirituelle. Personne n'i-
gnore que, au moins dans les langues âryennes, les mieux
étudiées et les mieux analysées de toutes, les idées abstraites
sont exprimées par des mots dont la signification originelle
est matérielle, sensible ; il n'y a point deux catégories de
mots, les uns pour les choses de l'esprit, du cœur, etc., les
autres pour celles de la nature. Que doit-on conclure de là ?

Le philologue qui fait de la science sans idée préconçue, sans parti pris, sans se préoccuper d'arriver à un résultat donné, et qui cherche dans le langage l'histoire de la pensée puisque la pensée et le langage n'existent pas l'un sans l'autre, acquiert dans l'étude des langues la conviction que l'humanité a progressé considérablement depuis ses origines : de l'ignorance la plus grossière, elle s'est élevée aux théories métaphysiques les plus transcendantes, les plus éthérées ; il est irrévocablement acquis aujourd'hui que plus on remonte aux commencements du langage, plus on le voit se réduire, se simplifier, et plus on voit disparaître les mots exprimant des idées abstraites.

La linguistique vient ainsi en aide à la géologie et à l'ethnographie, dont les découvertes confirmaient déjà, en partie, les anciennes traditions qui nous peignent l'homme uniquement occupé à satisfaire la faim qui le dévore,

> . . . . .quum frigida parvas
> præberet spelunca domos, ignemque laremque
> et pecus et dominos communi clauderet umbra ;
> silvestrem montana torum quum sterneret uxor
> frondibus et culmo vicinarumque ferarum
> pellibus, haud similis tibi, Cynthia, nec tibi, cujus
> turbavit nitidos exstinctus passer ocellos,
> sed potanda ferens infantibus ubera magnis
> et sæpe horridior glandem ructante marito.
>
> (*Juv.*, Sat. VI, v. 4-10.)

Bayonne, le 18 juin 1869.

Julien VINSON.

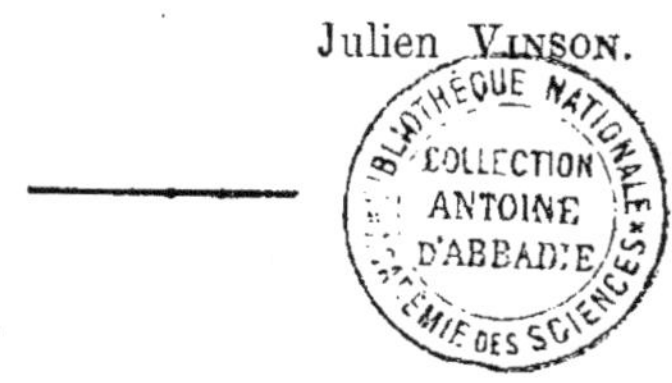

Paris. — Typ. Alcan-Lévy